MANIFESTE CONTRE LE GASPILLAGE

Arash Derambarsh

Manifeste
contre le gaspillage

*Préfaces de Mathieu Kassovitz
et de Jean-Jacques Eledjam
Postface de Stéphanie Rivoal*

Fayard

Ce livre a été édité en collaboration avec Anne Botella.

« La vie, la liberté et la recherche du bonheur. »

Thomas JEFFERSON

Préface

de Mathieu Kassovitz

Que faut-il pour changer le monde ?

Une idée.

Juste une.

Une idée qui vous semble si légitime que vous êtes certain qu'elle peut avoir un impact réel sur la société. Une idée si forte qu'elle vous transporte au-delà des difficultés insurmontables qui se dressent déjà entre vous et votre but. Une idée qui vous inspire au point d'inspirer les autres, ou, plus simplement, une idée qui vous expose à une réalité différente.

Cela peut être une question scientifique, une ambition artistique, une utopie politique… Mais une idée n'a d'importance que si la personne qui l'a formulée arrive à la transmettre au plus grand nombre, et si sa « légitimité » pour répondre à un problème ou ouvrir les esprits a assez de pertinence pour que cette idée devienne universelle.

Une idée qui change le monde est une idée qui devient notre réalité.

Notre société de consommation mérite aujourd'hui pleinement son appellation. Nous vivons effectivement depuis une quarantaine d'années une course à la consommation qui dépasse toute logique humaniste, mais qui tient parfaitement son rôle dans la logique capitaliste.

Cette logique est en train de détruire notre planète, et pourtant elle en domine le fonctionnement. Nous consommons plus que nous ne pouvons produire, nous épuisons nos ressources naturelles et nous détruisons notre environnement pour fabriquer des objets qui nous amusent le temps d'une mode, puis s'ajoutent à la masse de déchets qui encombre les pays les plus pauvres, polluant terres, mers et rivières, nous entraînant vers les abysses. Auronsnous le courage de regarder ceux-ci et d'assumer l'image qu'ils nous renvoient ?

Car nous sommes partie prenante dans cette catastrophe, même si nous pouvons de plus en plus en saisir les absurdités qui nous poussent à fermer les yeux.

Comment arrêter une machine si bien huilée, qui avance sans se préoccuper du mur qui se solidifie petit à petit sur son chemin ? Comment changer les mentalités quand tout le monde, ou presque, va dans la même direction ?

Il faut des idées… Et il faut les mettre en pratique.

C'est exactement ce qu'a fait Arash, jeune homme plein d'ambition qui peut agacer au premier abord tant sa constante énergie et son besoin de justice surprennent à notre époque.

« Il doit y avoir anguille sous roche, ce mec est louche, il croit au père Noël… » C'est un peu le sentiment que j'ai eu en le croisant virtuellement sur le Net il y a quelques années. Il était éditeur et voulait que j'écrive un livre pour « faire bouger les choses ». Il y croyait dur comme fer, se rappelant à mon bon souvenir durant des années, avec subtilité et intelligence. J'ai même failli y croire moi-même (ne vous inquiétez pas, je n'ai pas réussi à écrire une ligne).

Avec les années, j'ai découvert un véritable idéaliste. Son engagement en politique ne m'a pas étonné, mais pour moi il signait un pacte avec le diable. Je voyais venir la fin de la naïveté pour cet homme dont je pensais qu'il serait, sinon détruit par le système, au mieux déçu par la machine politique, affairiste, intéressée – oserais-je dire corrompue ?…

Je ne donnais pas cher de sa peau.

Et puis, un jour de promenade sur les réseaux, je tombe sur les publications d'Arash en train de redistribuer de la nourriture récupérée dans un supermarché de son voisinage. Un court texte accompagne une série de photos qui résument son action : il veut redistribuer la nourriture gâchée quotidiennement par les grandes surfaces.

Une idée toute simple qui sonne juste en ces temps difficiles. Une idée qui non seulement a un sens pratique, mais repose aussi sur une logique humaine qui fait chaud au cœur – un domaine que nous perdons de plus en plus de vue, car il est de plus en plus difficile à affronter, ce qui nous rend froids et agressifs, méfiants, repliés sur nous-mêmes… Les abysses.

Car aider les autres est un luxe qu'on ne peut pas (s')offrir, surtout quand on a besoin d'aide soi-même. Et c'est là que l'idée d'Arash fait la différence. Il fait appel à une logique qui rappelle celle de Coluche et des Restos du cœur. Une idée basique. Celle de ne plus gâcher.

Mais les temps ont changé, et ce n'est plus au peuple de payer pour remplir les devoirs de l'État, qui devrait assurer un niveau de vie acceptable à tous ses concitoyens. C'est au capitalisme forcené de rendre un peu de l'argent qu'on investit en lui depuis tant d'années.

Oui, nous sommes coupables de surconsommation. Oui, nous avons besoin d'un large choix et d'une totale disponibilité de nourriture et de gadgets dont nous jetons les restes. Oui, nous changeons de téléphone au gré des modes. Nous sommes coupables, car nous demandons à la société de consommation d'assouvir ce besoin, malgré tout légitime, auquel le capitalisme nous a (nous, « pays riches ») habitués.

Et pourtant, nous sommes conscients que quelque chose ne tourne pas rond.

L'idée d'Arash remet les rouages en place : s'il est impossible d'éviter de surconsommer (pour le moment seulement, espérons-le), il est possible de transformer l'excès de consommation en service à ceux qui ont des difficultés à faire partie de cette société.

Elle rétablit un sentiment de justice. Une balance sociale.

C'est pour cela que cette idée a immédiatement séduit les citoyens que nous sommes, mais aussi les politiciens et même certains patrons. C'est parce qu'elle est simple et limpide qu'il a suffi d'une prise de conscience générale, relayée par nos voix sur les réseaux sociaux, pour la transformer en loi. Et ce en seulement quelques mois. Un véritable exploit qui donne un peu d'espoir face à un futur qui semble compromis...

Car cette idée de faire face au gâchis prend de l'ampleur. Elle est maintenant dans nos têtes et va devenir, par nécessité, le centre d'intérêt du monde entier dans les décennies qui viennent. La nourriture est le fer de lance inattaquable d'une idée plus générale.

Cette idée, loin de toute bataille politique, de toute ambition financière, de toute corruption, c'est l'entraide.

Ce manifeste vous donnera les clés pour vous responsabiliser et comprendre le chemin à parcourir afin de faire de cette idée une réalité.

Si elle ne change pas le monde, cette idée changera en tout cas la vie de ceux qui en bénéficieront.

Mathieu KASSOVITZ
réalisateur et comédien

de Jean-Jacques Eledjam

« *Tutti fratelli !* » s'est exclamé Henri Dunant lorsque, le 24 juin 1859, il a découvert l'ampleur du désastre de la bataille de Solférino, et c'est de ce drame qu'est née la Croix-Rouge. La Croix-Rouge, c'est avant tout un grand mouvement d'hommes et de femmes qui, à travers le monde, accompagnent les personnes dans la souffrance. Dans nos Solférino d'aujourd'hui, la souffrance a changé de visage, mais elle reste bien présente. Elle est multiforme et se joue des frontières. Elle est tout autour de nous. L'engagement de notre mouvement est de la combattre sur tous les fronts.

Forte de ses 18 000 salariés et 50 000 bénévoles, combattants d'aujourd'hui, la Croix-Rouge française agit au quotidien dans ses cinq domaines d'action – l'urgence et le secourisme, la santé et l'autonomie, la formation, l'action internationale, l'action sociale –, avec une ambition : humaniser la vie.

Sept millions de Français vivent en dessous du seuil de pauvreté. La faim et la malnutrition sont les stigmates d'une précarité encore très présente dans nos sociétés modernes. En France, la Croix-Rouge distribue chaque année un quart de l'aide alimentaire totale – 50 millions de repas – dans ses 924 unités d'aide alimentaire, dont 598 centres de distribution et 91 épiceries sociales. Ses volontaires assurent également l'accompagnement nécessaire des personnes et s'efforcent de recréer le lien social.

Malgré l'engagement des associations caritatives, trop d'hommes et de femmes demeurent en situation d'insécurité alimentaire. Comment pouvons-nous continuer d'accepter que des aliments invendus et encore consommables soient détruits alors que tant de personnes ne mangent pas à leur faim ?

C'est grâce à l'entraide et à la solidarité que nous arriverons à faire reculer le front de cette souffrance. Toutes les initiatives qui vont dans ce sens doivent être soutenues. C'est la raison pour laquelle la Croix-Rouge française a souhaité appuyer l'action que mène Arash Derambarsh pour lutter contre le gaspillage alimentaire, parfaitement complémentaire à nos activités et s'inscrivant de surcroît dans une démarche globale de développement durable.

« *Tutti fratelli !* » L'homme doit être au cœur de nos préoccupations.

Pr Jean-Jacques Eledjam
Président de la Croix-Rouge française

Comment j'ai fait plier
la grande distribution en quatre mois

À 20 ans, j'ai eu faim et honte de le dire. Il n'est pas simple de nos jours, dans une société aussi formatée, où l'image importe tant, d'avouer qu'on ne gagne pas beaucoup d'argent. Je commençais mes études de droit et vivais avec 700 à 800 euros par mois. J'ai voulu positiver cette expérience et consacrer mon énergie à faire en sorte que d'autres ne connaissent pas cette situation.

Le combat contre le gaspillage alimentaire m'est alors apparu comme une évidence. J'ai toujours été sensible à ce que je vois en bas de chez moi. Une aberration insupportable : des kilos de nourriture mis à la poubelle chaque jour, à deux pas des SDF qui peinent à se nourrir et dorment dans la rue. Comment une société qui se dit « civilisée » peut-elle tolérer un tel gâchis ?

Les acheteurs ne savent pas toujours que la date qui figure sur les produits est la date limite de *distribution* et de *vente*, et non de consommation. Or les enseignes font valoir que, une fois cette date dépassée, elles ne peuvent plus vendre. Résultat : en moyenne, 40 kilos de denrées consommables sont jetés quotidiennement par chaque supermarché. Je me suis donc posé une question de bon sens : pourquoi ces produits invendus ne pourraient-ils pas être distribués à des personnes qui en ont besoin ?

Élu conseiller municipal dans ma ville de Courbevoie en 2014, à 34 ans, je devais m'investir dans la citoyenneté et faire mes preuves à travers une action concrète. Les Courbevoisiens m'avaient demandé d'être efficace, de ne pas me réfugier dans le blabla ou la langue de bois, comme beaucoup d'hommes et de femmes politiques. L'urgence m'a sauté aux yeux : il fallait lutter contre la pauvreté et la faim chez mes concitoyens.

Dès décembre 2014, je suis allé rencontrer des directeurs de supermarché. L'un après l'autre, ils m'ont éconduit. Celui-ci m'expliquait que les invendus étaient passés à l'eau de Javel chaque matin, celui-là que tout était jeté à la benne… Je ne me suis pas laissé décourager. Fort de l'expérience de l'eurodéputé belge Frédéric Daerden

– qui en 2012 a œuvré avec succès contre le gâchis dans sa ville de Herstal, puis au niveau régional, en Wallonie –, je suis retourné voir les enseignes de grande distribution pour proposer ma solution : la collecte et la redistribution de toutes les denrées considérées comme « impropres à la consommation ».

J'avais d'abord obtenu l'accord du magasin Monoprix de la rue de l'Abreuvoir, à Courbevoie, pour distribuer les invendus au moment de la fermeture. Une cinquantaine de SDF et de personnes de la classe moyenne devaient être présents. Mais, à 18 heures le jour dit, le directeur a annulé la distribution. J'ai rebondi : je suis allé trouver le responsable d'un magasin Franprix, qui a refusé ma proposition. Finalement, le Carrefour Market du centre commercial Charras a accepté de jouer le jeu pour deux mois, trois fois par semaine.

Il fallait ruser et contourner la loi. J'avais fondé il y a quelques années une association, Courbevoie 3.0, dont l'objet social était le vivre-ensemble. Mais cette association n'avait pas l'agrément pour récupérer les invendus consommables et ne disposait pas de lieu de stockage. Or la loi impose le respect de la chaîne du froid. Qu'à cela ne tienne : les produits seraient collectés le soir et redistribués dans la foulée.

Avec l'aide de quelques bénévoles et amis – que je tiens à remercier ici, car sans eux rien n'aurait été possible –, nous nous sommes présentés le 19 décembre 2014 munis de sacs, de cartons, de cageots, pour récupérer toute denrée dite « invendable ». Nous avons fait connaître notre action par les moyens dont nous disposions – réseaux sociaux, bouche-à-oreille, presse locale – et sommes partis en maraude auprès des SDF du quartier.

L'efficacité de la distribution a tout de suite été évidente. Le nombre de bénéficiaires n'a cessé d'augmenter, passant de cinq à vingt, cinquante, puis cent personnes. On a vu se présenter des célibataires, des retraités, des couples, des mères seules avec enfants…

Le pouvoir d'achat des ménages s'est considérablement réduit ces dernières années. Pour beaucoup, après le 10 du mois, une fois toutes les charges payées, il faut faire un choix entre les courses alimentaires, les soins médicaux et les vêtements. Les bénéficiaires de nos distributions étaient de ceux-là. Nous étions portés, encouragés par leurs vibrants témoignages de sympathie et de reconnaissance. Leurs mots nous fendaient le cœur, mais nous réconfortaient aussi, car ils prouvaient le bien-fondé de notre démarche.

Le 19 janvier 2015, mon ami le réalisateur et comédien Mathieu Kassovitz et moi, nous avons lancé un appel via le site change.org pour exiger que soit imposée à chaque supermarché l'obligation de redistribuer ses invendus à l'association de son choix[1]. Au fil des semaines, les signatures se sont accumulées, toujours plus nombreuses. Une centaine de personnalités ont rejoint le mouvement, et au final la pétition a réuni plus de 210 000 signatures ! Les médias nationaux et internationaux ont commencé à nous solliciter. Notre premier objectif était atteint : sensibiliser l'opinion publique à la question de la faim et de la soif. Mais il fallait passer à l'étape suivante : inscrire dans la loi l'interdiction pour les enseignes de la grande distribution de jeter leurs invendus.

La faim et la soif n'ont pas de couleur politique. Dès le début de notre mobilisation, j'ai eu la conviction que cette cause ne pouvait que réveiller un esprit d'union nationale, celui qui s'était exprimé le 11 janvier, au lendemain des attentats meurtriers de Paris.

Nous avons été reçus à deux reprises à l'Assemblée nationale. Le 28 janvier, nous avons été entendus en audition parlementaire par les députés Alexis Bachelay (PS) et Jean-Pierre Decool (Les

---

1. « Stop au gâchis alimentaire en France ! », https://www.change.org/p/stop-au-g%C3%A2chisalimentaire-en-france.

Républicains). Le 17 février, nous l'avons été par le député socialiste Guillaume Garot, qui avait été missionné par le Premier ministre pour élaborer une loi contre le gaspillage. Il était opposé à notre proposition. *Le Journal du dimanche* le citait en avril 2015 : « Je ne crois pas à l'obligation de don, qui générera un afflux de marchandises difficile à gérer par les associations[1]. » Défendant sa proposition de loi globale en préparation, il préférait privilégier la défiscalisation pour améliorer les collectes (déduction de la valeur des dons pour les enseignes) et soutenir les nombreuses start-up « antigaspi » apparues ces dernières années[2].

J'ai décidé d'user de toutes les possibilités législatives à ma disposition. En concertation avec Nathalie Goulet (sénatrice UDI), j'ai profité du vote de la loi Macron pour y glisser un amendement. Celui-ci a été voté à l'unanimité par les sénateurs le 10 avril 2015, mais il ne concernait

---

1. « Polémique autour de la loi anti-gaspillage alimentaire », *Le Journal du dimanche*, 5 avril 2015.

2. Voir « Arash Derambarsh, l'"hyperactiviste" contre le gaspillage alimentaire », *Le Monde*, 6 avril 2015. À noter que le gouvernement et les socialistes cherchaient à nous faire barrage, car ces amendements venaient d'élus de droite. Voir également l'enquête de *Paris-Match* du 15 août 2015 : http://m.parismatch.com/Actu/Politique/Arash-Derambarsh-gaspillage-alimentaire-Le-Don-Quichotte-de-Courbevoie-contre-les-elephants-du-PS-813481.

que les supermarchés de plus de 1 000 mètres carrés et prévoyait une simple *faculté* de distribuer les invendus, et non une *obligation*.

Finalement, c'est l'amendement élaboré en concertation avec Frédéric Lefebvre (député Les Républicains) qui a été voté en même temps que la loi sur la transition énergétique, le 21 mai 2015. Jusqu'à maintenant, seules les associations qui disposaient de locaux pour stocker la nourriture étaient autorisées à la récupérer auprès des enseignes et à la redistribuer. Depuis cette loi historique, *toutes les associations* peuvent le faire. Enfin la reconnaissance d'un réel droit opposable et la création d'un cadre légal pour la distribution directe des invendus consommables !

Cependant, le 13 août 2015, le Conseil constitutionnel a invalidé la loi sur le gaspillage alimentaire (dans la loi « Transition énergétique ») pour des raisons de procédure. Nous regrettons cette décision, mais nous la respectons.

Sans perdre de temps, les parlementaires Frédéric Lefebvre et Jean-Pierre Decool ont déposé à l'Assemblée nationale une nouvelle proposition de loi qui doit faire l'union gauche-droite sans clivage. La sénatrice Nathalie Goulet a fait de même au Sénat. La loi sera votée coûte que coûte. Nous nous y engageons.

Ségolène Royal a décidé de réunir les responsables de la grande distribution. Ce n'est pas une bonne solution, car deux tiers des grandes surfaces sont des franchises, donc indépendantes. Il faut rappeler que des enseignes comme Monoprix ou Franprix ont refusé le principe de la cession directe des invendus consommables à l'association de leur choix. Serge Papin, patron de Système U, a également dénoncé un coup de communication de la ministre de l'Écologie.

Concernant l'accord du 27 août 2015 entre Ségolène Royal et les enseignes de la grande distribution, je déplore que les associations aient été absentes de cette rencontre. Cet « accord » semble être une coquille vide, Ségolène Royal n'ayant plus la main sur la loi qui a été invalidée par le Conseil constitutionnel le 13 août. De toute évidence, c'est une opération de communication pour faire bonne figure avant la COP 21[1], car il n'y a aucune contrainte, aucune sanction imposée, et la javellisation des denrées pourra toujours se faire sans aucune pénalisation.

De plus, ce n'est pas la grande distribution dans son entier qui est concernée. En effet, deux tiers des grandes surfaces en France sont des franchises et, bien que les grands patrons prennent des

---

1. Conférence sur le climat à Paris en 2015.

engagements, ce sont les directeurs de magasins qui font leur réglementation interne. Donc aucun contrôle sur le bon respect des décisions prises en haut lieu… Il est indispensable de mettre toutes les enseignes et franchises sur un même pied d'égalité !

Enfin, le texte ne spécifie aucunement de quelle association il s'agit. Qui pourra venir récupérer les invendus consommables ? Uniquement les associations agréées qui peuvent stocker la nourriture (Restos du coeur, Secours catholique, Banque alimentaire, etc.) ou toutes les associations non agréées incluses (pour une distribution immédiate comme nous l'avons pratiqué à Courbevoie) ?

Il y a l'urgence d'une loi claire et précise ! Ainsi, une nouvelle proposition de loi a été redéposée à l'Assemblée nationale (par Frédéric Lefebvre et Jean-Pierre Decool)[1], ainsi qu'au Sénat par Nathalie Goulet[2]

Une loi est nécessaire pour mettre toute la grande distribution sur un pied d'égalité et créer un encadrement légal clair et précis. La loi sera de nouveau votée et nous veillerons à ce qu'elle soit appliquée. Les Français de la classe moyenne et

---

1. http://www.frederic-lefebvre.org/propostion-loi-frederic-lefebvre-jean-pierre-decool-visant-lutter-contre-gaspillage-alimentaire/
2. http://www.senat.fr/leg/ppl14-663.html

les nombreux démunis pourront enfin avoir droit à leur part de dignité.

J'ai continué le combat au niveau du Parlement européen avec le soutien de la députée Angélique Delahaye (PPE). Dans le cadre d'une résolution adoptée à Strasbourg et portant sur l'« économie circulaire », les eurodéputés ont adopté le 9 juillet 2015 un amendement par lequel ils « invitent la Commission européenne à encourager la création, dans les États membres, de conventions prévoyant que le secteur du commerce alimentaire de détail distribue les produits non vendus à des associations caritatives ». Notre pétition a été signée par plus de 650 000 citoyens européens en deux semaines.

Tout comme la mobilisation du 11 janvier pour défendre la liberté et la fraternité a été planétaire, il faut que nous soyons tous unis dans la lutte contre le gaspillage alimentaire. Celle-ci, partie de quelques actions locales, comme celle que j'ai menée à Courbevoie et bien d'autres mises en œuvre par des associations en France ou en Europe, doit maintenant faire l'objet d'une prise de conscience mondiale pour espérer éradiquer un jour la faim et la soif de notre planète.

Faire de la politique, c'est aider les gens. Et le vrai combat d'un élu, c'est d'éveiller les consciences des citoyens.

Au centre commercial Charras de Courbevoie,
avec les bénévoles, lors de la récupération des invendus.

Au même endroit, avec les bénévoles et les soutiens,
lors de la distribution des invendus.

Une planète jetable

Agir local, penser global

**1,3 milliard de tonnes finissent
dans les poubelles des ménages du monde entier,
de quoi nourrir les 860 millions de Terriens
qui souffrent de malnutrition**

La première urgence est d'agir à l'échelle locale, puis nationale, européenne et enfin mondiale. C'était le sens de notre pétition, qui a recueilli au printemps 2015 plus de 210 000 signatures. Alors, refaçonnons notre mode de vie et réorganisons notre consommation !

**En France, chaque grande surface
produit 200 tonnes de déchets par an**

AGIR EN BAS DE CHEZ SOI

La loi, drastique, disait qu'un produit invendu devait obligatoirement être stocké ou détruit.

Nous l'avons contournée. Nous avons démontré qu'on pouvait redistribuer immédiatement, avant la fermeture du supermarché. L'amendement voté le 21 mai 2015 par l'Assemblée nationale en a fait une obligation pour les grandes surfaces : il prévoyait qu'elles « puissent mettre en place une convention d'organisation de la collecte sécurisée des denrées alimentaires invendues encore consommables au profit d'une ou plusieurs associations d'aide alimentaire ».

Elles jettent, on récupère, on redistribue. Chacun peut le faire. Les associations non agréées aussi.

Cette victoire a eu un retentissement au-delà des frontières de l'Hexagone. Bono, le chanteur du groupe U2, s'est toujours engagé dans la lutte contre la pauvreté et la malnutrition à travers son association ONE. ONE France m'a d'ailleurs soutenu pour l'adoption de la loi au niveau national. J'adhère totalement à cet engagement : toutes les actions et démarches menées poursuivent un objectif d'intérêt général. Il faut agir pour apporter des réponses. Et cesser de nourrir uniquement des idéaux.

20 à 30 kilos de nourriture par habitant sont jetés chaque année

CHRONIQUE D'UNE MOBILISATION

Le 19 décembre au soir en Île-de-France. Moins 5 degrés, la neige recouvre les trottoirs. À 20 heures, nous sommes cinq ou six bénévoles devant le Carrefour Market du centre commercial Charras, à Courbevoie. Seules deux personnes issues de la classe moyenne sont présentes pour récupérer des invendus. Nous partons en maraude à la recherche des SDF de notre ville. C'est la première distribution.

À la deuxième distribution, le 22 décembre 2014, un journaliste du *Parisien 92* est sur place. Je prends l'opinion publique à témoin : « Il y a 40 kilos de nourriture jetés à la poubelle : fruits, légumes, produits laitiers. » Et puis le bouche-à-oreille a fonctionné. Lors des distributions suivantes, une cinquantaine de personnes se sont pressées chaque soir pour 500 euros de redistribution – 1 500 euros par semaine et 6 500 euros par mois.

Au bout d'une année, si tous les points de vente font de même, cela représente une somme considérable. Et, surtout, ce sont des personnes qui ne souffrent plus de la faim ni de la soif.

Pour avancer, il fallait faire connaître l'initiative. Je suis parti voir les médias afin qu'ils relaient notre lutte contre le gaspillage. Beaucoup n'ont pas voulu en parler. *Le Parisien 92* a été le premier quotidien à évoquer notre combat, et un journaliste de *Ouest-France* nous a accompagnés dans les parkings d'un magasin à La Défense pour voir comment se passaient la collecte et la distribution sur le terrain.

J'ai toujours eu de la politique et de la fonction de l'élu la représentation la plus romantique qui soit. J'estime qu'en tant que conseiller municipal je représente ma ville et la nation française. J'ai donc voulu créer un cadre légal pour notre action en demandant que les supermarchés aient l'obligation de donner leurs invendus à l'association de leur choix au lieu de les jeter.

Le 28 janvier 2015, avec des amis de Courbevoie et des soutiens (dont Bruno Gaccio et le rappeur Rost), je suis reçu à l'Assemblée nationale. Le 17 février, nous sommes reçus une seconde fois en audition parlementaire face au député Guillaume Garot.

Nous nous inspirions de l'exemple d'un de nos voisins. En Belgique, grâce aux efforts du député européen Frédéric Daerden, une clause expresse a été introduite dans le permis d'environnement (l'équivalent du permis d'exploitation commerciale français), astreignant les grandes surfaces de distribution alimentaire de plus de 1 000 mètres carrés à remettre leurs invendus consommables à une association caritative avant qu'ils ne partent vers une filière de valorisation ou d'élimination des déchets.

Dans le même temps, à Montpellier, trois jeunes qui cherchaient de la nourriture dans les poubelles d'un Intermarché sont présentés devant un tribunal correctionnel pour vol. C'est donc une double peine : la souffrance de la faim et l'accusation de vol.

Une seule phrase nous vient à l'esprit : « Plus jamais ça ! »

Que tous les supermarchés prennent leurs responsabilités, quelle que soit leur taille, et qu'ils donnent à des associations. Les Français ont du cœur. Responsabiliser les enseignes, les commerçants, et distribuer de manière locale est la première façon de mener le combat.

METTRE EN ŒUVRE LA LIBERTÉ ET LA FRATERNITÉ SUR LE TERRAIN

> **Chaque année en France, 800 000 euros de nourriture partent à la poubelle**

Le dispositif que nous proposons est simple et efficace, et il peut être mis en œuvre à l'initiative de tout un chacun. Il n'y a pas de petite cause. Si vous pensez que celle-ci est juste, créez votre propre association et faites du bruit ! Vous vous retrouverez dans un rapport de force favorable. Si vous communiquez par les réseaux sociaux, la répercussion sera immédiate : effet boule de neige ! Les gens seront obligés de vous écouter. L'information sera reprise par toute la presse. Grâce à l'énergie positive de la conviction et de la détermination, on observera une émulation par le haut.

Les élus doivent se mobiliser autour de sujets qui nous touchent tous directement, parler des vraies préoccupations des gens. Avec les outils modernes de la démocratie, on peut « dynamiter » le système. Le reste, c'est du baratin, comme celui que nous servent bien souvent certains politiques.

La fonction d'élu municipal n'est pas un métier ; c'est un mandat de six ans. Six années au cours desquelles il faut se bouger pour les gens. Ne pas se contenter de participer aux événements médiatiques. Lorsque les citoyens élisent quelqu'un, ils transmettent un message. Il faut les écouter et les prendre en compte en priorité.

Quelles sont les vraies préoccupations des gens ? Ce sont les fondamentaux : manger, boire, se loger, avoir un minimum de pouvoir d'achat... N'oublions pas que certains retraités, après avoir cotisé pendant quarante ans, ne peuvent vivre décemment de leur pension.

Au Carrefour Market de Charras, j'ai ainsi rencontré Odette, 92 ans. Cela faisait dix-sept ans qu'elle n'avait pas rempli son Caddie. Elle avait honte d'aller aux Restos du cœur. Il y avait aussi Christophe, qui était trop riche pour être pauvre et ne pouvait bénéficier des Restos du cœur, parce qu'ils réclament des fiches de paie. Avec la loi votée le 21 mai 2015, il ne sera plus nécessaire de s'afficher en public pour récupérer des invendus. Discrètement, on pourra venir chercher un sac à la sortie du supermarché.

La France est la championne du monde des polémiques. À la suite de notre initiative, on a tout entendu. Certains affirmaient même qu'il y aurait un effet pervers : une revente des denrées invendues sur eBay ! Comme si on pouvait vendre des pains au chocolat ou d'autres produits périssables en ligne ! Plutôt que d'écouter les commentaires stupides ou alarmistes, j'ai préféré voir de mes yeux les conséquences de notre démarche. J'ai ainsi rencontré une maman qui a pu, pour la première fois, donner un repas complet avec légumes, dessert et salade à toute sa famille. C'était émouvant et encourageant de constater que nous permettions l'accès de chacun à une bonne nutrition.

À l'échelon local, les solutions sont simples : il s'agit d'aller voir les élus et les associations, de montrer ce qui se passe dans la rue à ceux qui, parfois, profitent de leurs fonctions sans être très opérationnels. Et il y faut de la ténacité. Chacun a les moyens de le faire.

> **Un tiers de la production totale de nourriture de la planète passe à la poubelle**

> **41 200 kilos de nourriture sont jetés chaque seconde dans le monde**

Ne plus s'indigner :
passer à l'action !

PROMOUVOIR LES GESTES ANTI-GASPILLAGE AUPRÈS DES FABRICANTS ET DES REVENDEURS

| **Un être humain sur huit ne mange pas à sa faim** |

DLC, DLUO : comment les comprendre ?

La première des sensibilisations à entreprendre est celle qui concerne les **dates limites** : jusqu'à quand les produits restent-ils consommables ?

Les produits alimentaires préemballés comportent une mention, soit de la date limite de consommation (DLC), soit de la date limite d'utilisation optimale (DLUO). Cette date doit être correctement et visiblement notifiée. Mais encore faut-il comprendre ce qu'elle signifie.

• **La date limite de consommation (DLC) signifie « à consommer jusqu'au… ».** Elle est déterminée par la loi ou par le producteur. Elle concerne la plupart des denrées périssables : viande, poisson, crème fraîche… En théorie, si la date est dépassée, le produit est impropre à la consommation et doit être retiré de la vente. **En réalité, selon les produits, la consommation est souvent possible au-delà de cette date**[1].

• **La date limite d'utilisation optimale (DLUO) signifie « à consommer de préférence avant le… ».** Elle concerne notamment les conserves, les gâteaux secs, les pâtes, le riz… Lorsque la date est dépassée, ces produits peuvent perdre tout ou partie de leur goût, de leur texture, de leur fraîcheur, **mais leur consommation reste possible et autorisée**. Pour preuve, les yaourts exportés vers les territoires d'outre-mer ont des dates de péremption qui excèdent de 30 jours celles de la métropole pour les mêmes articles. Ainsi, si vous trouvez dans votre réfrigérateur un produit laitier dont la DLUO est dépassée (jusqu'à un mois de dépassement), sachez qu'il est encore tout à fait consommable.

On sait qu'une grande surface produit à elle seule 197 tonnes de déchets par an. Il est donc

---

1. Voir aussi deuxième partie, « Astuces de conservation », p. 65.

naturel de mettre à contribution les professionnels de la grande distribution. Disposant d'une logistique efficace et de moyens de stockage importants, les grandes surfaces peuvent pratiquer plus facilement que les particuliers le don alimentaire. Néanmoins, tout repose sur la bonne volonté des exploitants. La modification de la législation, avec le vote de la loi sur la transition énergétique le 21 mai 2015, conférait un caractère plus systématique et contraignant à cette démarche.

S'assurer du respect de l'interdiction de jeter

En France, 16 millions de citoyens dépendent de l'aide alimentaire

Selon la loi du 21 mai 2015 contre le gaspillage alimentaire, toute moyenne ou grande surface d'une superficie supérieure à 400 mètres carrés était soumise à l'autorisation d'exploitation prévue à l'article L752-1 du Code de commerce et devait s'engager à « mettre en place une convention d'organisation de la collecte sécurisée des denrées alimentaires invendues encore consommables au profit d'une ou plusieurs associations d'aide alimentaire ». Un décret fixait les modalités d'application de cette disposition, sans remettre en cause les procédures de défiscalisation du don.

Un éventail de solutions peut être mis en place pour éviter le gaspillage : obligation de mieux gérer les stocks et les rayons ; instauration de promotions sur les denrées dont la date de péremption est proche ; valorisation des invendus en les donnant aux associations caritatives, en les utilisant dans l'alimentation animale ou en favorisant le compostage pour fabriquer de l'énergie dans les circuits de méthanisation.

Au-delà des invendus, il y a le problème des produits jugés impropres à la vente car abîmés ou « non présentables » – les légumes non calibrés, les emballages cabossés ou déchirés, etc. Nous évoquerons plus loin l'association Les Gueules cassées, qui a œuvré efficacement pour faire accepter la vente de légumes et de fruits non calibrés, au point qu'il existe à présent dans les supermarchés des rayonnages spéciaux « légumes moches » !

Chaque année, 4 000 tonnes de produits laitiers, soit plus de 30 millions de pots de yaourt, sont détruites

Il existe aussi dans certaines grandes surfaces des rayons anti-gaspillage pour inciter le consommateur à acheter à moindre prix des produits approchant de leur date de péremption. Dans un monde idéal de recyclage et de dons alimentaires, on pourrait imaginer de tels corners dans tous les points de vente. Pour la redistribution, mais aussi pour la consommation sur place. Un service rapide à base de denrées « limites » vendues moins cher. On peut toujours rêver…

Dans le même ordre d'idées, mes amis lyonnais Nicolas Duval et Victor Marostegan ont importé en France le concept du *doggy bag* à travers leur société Take Away. Déjà en vigueur dans certains restaurants, le *doggy bag* permet au client de repartir avec le reste du plat qu'il n'a pas terminé. Ce concept pourrait être généralisé aux grandes surfaces : les points de vente prépareraient des *doggy bags* d'invendus à destination des associations.

Sur l'ensemble de la chaîne alimentaire, 179 kilos par habitant sont gaspillés chaque année

Deux tiers des enseignes sont franchisées, donc indépendantes. Elles ne sont pas obligées de suivre les recommandations de la confédération ni du siège social. La plupart choisissent de javelliser tous leurs invendus, sous prétexte que des personnes qui se serviraient dans leurs poubelles pourraient souffrir d'intoxication alimentaire. De leur côté, les Restos du cœur n'ont pas assez de nourriture et font des collectes permanentes, tandis que l'Armée du Salut et la Croix-Rouge se postent au sortir des caisses après avoir demandé aux clients, à l'entrée du magasin, d'acheter quelques produits pour leur cause. Dans le même temps, 20 à 40 kilos de nourriture par jour sont détruits dans ce même point de vente. C'est assez !

Désormais, ces enseignes peuvent distribuer leurs invendus le soir même. Cela s'appelle un « droit opposable ». Cela ne pèse en rien sur le chiffre d'affaires du supermarché – puisque cette nourriture était de toute façon destinée à être jetée –, ni sur sa fiscalité.

Pendant deux mois, j'ai pu tester cette solution pratique sur le terrain, au Carrefour Market de Courbevoie. Je remercie le groupe Carrefour, membre de la Fédération du commerce et de la grande distribution, qui a accepté d'être notre laboratoire. Cette petite goutte d'eau dans l'océan des actions possibles a permis la mobilisation que nous connaissons, puis la légalisation.

PROMOUVOIR LES GESTES ANTI-GASPILLAGE AUPRÈS DES CONSOMMATEURS

Comme nous l'apprend le journal *Le Monde* (16 octobre 2014), les 2,3 millions de tonnes de déchets alimentaires produites chaque année en

France se répartissent comme suit : 42 % proviennent des ménages, 39 % de l'industrie agroalimentaire, 14 % des restaurants et 5 % de la vente au détail.

Ce dernier pourcentage peut paraître faible, mais en réalité il est d'une importance vitale de jouer sur ces 5 %, car cela peut fournir une solution (parmi tant d'autres) pour lutter contre la faim et la soif.

Reste que ce gâchis, il faut le combattre à l'échelle globale !

Il existe des gestes simples pour lutter contre le gaspillage au quotidien en tant que consommateur.

1° Ne pas aller faire ses courses le ventre vide

Si vous déambulez dans les rayons alors que vous avez faim, vous allez être tenté d'acheter des produits qui vous font peut-être envie sur le moment, mais qui ne font pas forcément partie de vos habitudes alimentaires et que vous risquez d'oublier ensuite au fond de votre frigo ou d'un placard.

2° Partir faire ses courses
avec une liste détaillée

Tout d'abord, examinez bien le contenu de votre réfrigérateur pour vérifier quels sont les produits qui vous manquent, afin d'éviter les doublons. Conformez-vous à la liste que vous aurez établie et achetez les produits dans l'ordre, rayon par rayon. De cette façon, vous serez sûr de ne rien oublier et vous ne serez pas tenté par des produits que vous laisserez ensuite se périmer dans votre réfrigérateur.

3° Veiller aux dates de péremption

La meilleure solution pour lutter contre le gaspillage alimentaire est de choisir les produits dont la date de péremption est proche, en sachant que vous pourrez les consommer longtemps après que cette date aura été dépassée[1]. C'est une façon de réduire la quantité de produits que l'enseigne considérera comme impropre à la consommation.

4° Rester vigilant face aux offres promotionnelles

Les promotions sont généralement motivées par une date de péremption proche et conduisent à acheter des quantités excessives. Or, souvent, un quart des courses de la semaine finit à la poubelle.

---

1. Voir *supra*, « DLC, DLUO : comment les comprendre ? », p. 39.

5° *Respecter la chaîne du froid et congeler à temps le trop-plein du réfrigérateur*

Entre le magasin et chez vous, un aliment frais ou congelé doit le rester. Terminez vos achats par les produits surgelés ou qui doivent rester très frais, comme la viande, le poisson ou encore les laitages, et prévoyez des sacs isothermes pour les transporter.

Vous avez acheté en trop grande quantité ou vu trop grand lors de votre dernier repas avec des invités ? Placez le surplus dans un sac à congélation ou une boîte adaptée, inscrivez la date du jour et congelez ! Cela donnera un sursis d'au moins 48 heures à votre plat, et de quelques mois à d'autres denrées périssables. Vous pourrez accommoder les restes en compote, en soupe, en ratatouille ou en fricassée, et congeler à nouveau pour resservir dans les deux mois.

6° *Organiser rationnellement son réfrigérateur*

Pensez à placer devant, directement accessibles, les aliments qui ont la date limite de consommation la plus proche. N'oubliez pas que la température n'est pas homogène dans un réfrigérateur : tenez-en compte dans votre rangement.

> **En France, les hypermarchés existants jettent pour 850 millions d'euros par an de nourriture, soit six fois le budget annuel des Restos du cœur**

PROMOUVOIR L'ÉDUCATION ALIMENTAIRE DANS LES COLLECTIVITÉS

Mauvaise gestion des stocks, des restes, du nombre de menus, etc. : 14 % du gaspillage alimentaire annuel est dû aux cantines scolaires et aux restaurants de collectivité. La loi du 21 mai 2015 prévoit la mise en place d'actions de sensibilisation à la lutte contre le gaspillage alimentaire dans les établissements scolaires. Les citoyens de demain sont les enfants. Ils doivent grandir dans le respect d'eux-mêmes, de l'autre et de la planète sur laquelle ils vivent. Pour cela, il faut leur fournir les outils pour comprendre ce qu'est une nourriture de qualité, et leur inculquer les bonnes habitudes.

Le 11 mai 2015, j'ai participé à une rencontre publique à Saint-Maur-des-Fossés à l'initiative de l'association Génération Saint-Maur. Très à l'écoute de ses concitoyens, cette association organise des apéros-débats où chacun peut prendre la parole. Élise, une jeune lycéenne, a raconté son expérience. Constatant que des plats restaient intacts à la cantine, elle a voulu mettre en place un relais pour les distribuer dans un foyer de démunis. Mais cette démarche apparemment simple a rencontré des obstacles administratifs, motivés par des raisons d'hygiène alimentaire. Les responsables de l'économat se renvoyaient la balle. En désespoir de cause, Élise est venue me voir pour me demander comment faire aboutir son projet.

Mon premier conseil : « Crée ton association ! » C'est facile, rapide et efficace. Et le cadre légal mis en place depuis le 21 mai 2015 devra lui permettre de collecter les mets non consommés et de les distribuer à des démunis.

C'est ce que je dis à tous ceux qui veulent agir : faites comme Élise, créez votre structure associative, agréée ou non. Vous pourrez ainsi agir localement, près de chez vous, et proposer à des amis de faire le relais dans d'autres villes.

Autre initiative intéressante : celle de l'entreprise de restauration collective Mille et un repas, dans le Rhône. Elle a lancé le label « Zéro Gaspil' » dans les cantines scolaires. L'idée est que les élèves se servent eux-mêmes de chaque plat et doivent impérativement terminer leur assiette avant d'aller chercher le plat suivant. Cela présente plusieurs avantages : chacun mange la quantité qu'il souhaite ; l'élève est responsabilisé dans la démarche ; les plats peuvent être consommés à la bonne température au lieu de refroidir sur le plateau. Seule la consommation des fromages et des desserts reste encadrée, pour des raisons diététiques. Les gains réalisés (moins d'ingrédients gaspillés) permettent d'améliorer la qualité des produits, avec notamment l'utilisation de viandes labellisées.

> **Depuis 1974, la quantité de nourriture gaspillée en France a été multipliée par deux**

CRÉER DES PASSERELLES ENTRE LES ASSOCIATIONS

Pour être forts, il faut être unis. Avant la loi, tout le problème résidait dans l'agrément. Une association qui n'était pas agréée, même si elle défendait une cause caritative reconnue, ne pouvait collecter quoi que ce soit. Désormais, en matière de collecte alimentaire, n'importe qui peut récupérer les invendus. C'est un très grand pas. Ainsi, les associations peuvent directement exploiter les dons. Les denrées leur sont transmises par grandes catégories – produits dont la date de péremption est dépassée, produits frais abîmés, etc.

Parmi les associations agréées, qui ont la possibilité de stocker la nourriture, on peut citer les Restos du cœur, le Secours catholique, le Secours populaire, le SAMU social ou encore la Croix-Rouge. Les associations non agréées sont celles qui ne disposent pas de locaux permettant le respect de la chaîne du froid. Elles doivent procéder à la distribution immédiatement après la fermeture du magasin (à l'instar de mon association Courbevoie 3.0).

La liste ci-dessous n'est pas exhaustive. Des listes plus complètes sont disponibles sur les sites de l'Ademe, de France Nature Environnement et sur alimentation.gouv.fr. (Voir aussi notre rubrique « Pour aller plus loin » en fin d'ouvrage.)

Les Gueules cassées

Fondée par Nicolas Chabanne, cette association propose de réhabiliter à la vente les produits déformés ou non conformes qui sont destinés à la destruction (ils représentent 40 % de la production). La vente se fait à des prix minorés de 30 %. Les problèmes de non-conformité tiennent au calibrage, à des défauts de stockage ou encore à une mauvaise anticipation des demandes des clients. Certaines enseignes ont mis en place une signalétique spécifique au rayon primeurs, voire un rayon « légumes moches ». Le rejet des denrées « non conformes » existe dans l'ensemble des rayons – confiserie, charcuterie, céréales, etc. Par exemple, une saucisse de Morteau qui n'a pas la bonne taille est systématiquement écartée comme ne pouvant pas recevoir l'appellation « saucisse de Morteau ». Les céréales qui ne présentent pas une « bonne » couleur sont jetées. Testée sur 600 points de vente, l'expérience des Gueules cassées a rencontré un grand succès. Le label de l'association, une petite pomme rouge croquée, se répand. Une formidable aventure !

Association nationale de développement des épiceries solidaires (Andes)

Dirigée par Guillaume Bapst, l'Andes est un réseau associatif. Il est composé de 300 boutiques réservées à des personnes en difficulté disposant de moins de 5 euros par jour pour manger. La vente est gérée par des travailleurs sociaux et les prix pratiqués sont inférieurs de 30 % aux prix réels. L'Andes entreprend aussi des activités d'insertion sur les marchés d'intérêt national (MIN) tels que Rungis, Lille ou Marseille, en organisant des tris pour récupérer les fruits et légumes destinés à la poubelle pour cause de défaut ou d'erreur d'aiguillage des cagettes. Ils sont ensuite redistribués aux associations d'aide alimentaire des secteurs concernés. Les ramasseurs sont souvent des personnes en situation de précarité qui, pour 70 à 94 % d'entre elles, retournent à l'emploi grâce à cette initiative. L'association a également créé une ferme pour cultiver ses propres légumes et les redistribuer, par exemple en confectionnant des soupes servies gratuitement sur les marchés.

Disco Soupe

Depuis mars 2012, des fruits et légumes destinés au rebut sont épluchés et cuisinés en de gigantesques soupes et salades de fruits distribuées sur les places publiques, gratuitement ou à prix libre, sur fond de bonne musique – souvent disco. À Nantes, en 2013, une Disco Soupe a réuni plus de 6 000 personnes. L'initiative a fait des émules aux États-Unis, en Colombie, en Irlande, en Angleterre, en Belgique, en Corée du Sud, aux Pays-Bas. Une centaine d'événements de ce type ont été organisés dans une soixantaine de villes du monde, ce qui correspond à 42 000 repas distribués et 20 tonnes de fruits et légumes réutilisés au lieu de partir à la poubelle. C'est la fête de l'anti-gaspillage !

Débordant d'idées, les fondateurs de l'association ont lancé d'autres initiatives : la Buena Disco

Sociale Soupe, ou création de circuits courts de revalorisation et de transformation de fruits et légumes récupérés au sein des centres-villes et des lieux de vie de personnes en situation de fragilité ; des confitures de qualité « Re-Belles », produites et commercialisées à base de fruits récupérés ; des clips musicaux décalés pour donner au plus grand nombre, avec humour, les principales clés pour comprendre le gaspillage.

Eqosphere

Fondée par Xavier Corval, cette association a décidé de s'attaquer à toutes les formes de gaspillage en créant une plateforme Web qui assure la logistique des flux de ressources jetées par les uns et récupérées par les autres. Son fonctionnement repose sur une fine connaissance des objectifs, des contraintes et des besoins des enseignes de la grande distribution. Concrètement, les usagers, à l'aide d'un lecteur, scannent les codes-barres des produits invendus ou invendables (périmés, abîmés ou en fin de stock). Les grandes surfaces sont connectées avec les associations caritatives, les soldeurs, les parcs animaliers, les spécialistes du traitement de déchets, etc. Aujourd'hui, Eqosphere travaille avec les ministères, les entreprises et les villes, et s'étend au niveau européen.

L'objectif est de réduire de moitié les déchets alimentaires et non alimentaires dans l'Union européenne avant 2025.

Phénix

Créée par Jean Moreau et Baptiste Corval, cette association a pour ambition de favoriser la deuxième vie des produits alimentaires et non alimentaires. Une plateforme Web est mise à la disposition des clients professionnels (grande distribution, industriels, traiteurs, agences événementielles, etc.) pour leur permettre de gérer leurs invendus. Ces derniers font ensuite l'objet de dons aux associations, sont recyclés en nourriture animale lorsqu'ils sont impropres à la consommation humaine, revendus à des déstockeurs, transformés en matières de compostage, etc. Depuis la naissance de Phénix en mars 2014, plus de 300 tonnes de denrées ont été sauvées de la poubelle et plusieurs dizaines de semi-remorques d'objets de toute sorte ont pu connaître une deuxième vie.

Trop Bon pour Gaspiller

Laurent Calvayrac a décidé de relancer le concept de boîte pour emporter les restes de son repas au restaurant. Les boîtes sont en carton recyclable, compostable, l'intérieur est recouvert d'un film cellulosique et l'impression est faite avec de l'encre à base d'eau. Fabriquées dans le Nord et distribuées gratuitement au restaurateur ou vendues à un prix modique (0,50 à 0,80 €), elles passent au four et au micro-ondes.

Zéro Gâchis

Il s'agit d'un rayon virtuel : les supermar-chés partenaires proposent une liste de produits démarqués, car approchant de leur date limite de consommation. Le service est totalement gratuit et à la disposition de tout internaute.

POUR L'AVENIR, RESTONS OPTIMISTES !

> **Si nous n'agissons pas, on comptera 126 millions de tonnes de gaspillage alimentaire par an en 2020, soit une hausse de 40 %**

Depuis 2013, les initiatives au niveau national, européen et international se multiplient. Les mouvements prennent de l'ampleur et les mesures pour lutter contre le gaspillage sont de plus en plus protéiformes. C'est encourageant ! À notre niveau, nous continuons à penser que les initiatives ne doivent pas être ponctuelles, mais perdurer dans le temps, donc bénéficier d'un cadre juridique qui permettra d'éviter tout détournement ou débordement. Lorsqu'on sait que la quantité de nourriture jetée par l'ensemble des producteurs, distributeurs et consommateurs des pays « riches » pourrait nourrir sept fois la population souffrant de la faim dans le monde, la cause vaut plus que jamais d'être défendue !

40 % de la nourriture produite mondialement n'est pas consommée

L'expérience que nous avons menée à Courbevoie serait tout à fait adaptable à d'autres pays, notamment sur le continent africain, qui compte de nombreux supermarchés et où le gaspillage sévit de façon importante, dans un contexte de grande pauvreté. Là-bas, avec dix fois moins, on pourrait se nourrir dix fois plus.

Près de 50 % des aliments sains sont gaspillés chaque année dans l'Union européenne, alors que 79 millions de personnes vivent sous le seuil de pauvreté et que ¼ d'entre elles dépendent de l'aide alimentaire

Selon la FAO (Organisation des Nations unies pour l'alimentation et l'agriculture), le gaspillage alimentaire des consommateurs des pays industrialisés est de 222 millions de tonnes, soit l'équivalent de la production alimentaire nette de l'Afrique subsaharienne (230 millions de tonnes). Dans les régions en développement, les pertes au niveau de la production agricole dépassent la totalité des pertes sur l'ensemble de la chaîne d'approvisionnement. Au stade de la distribution, les pertes s'expliquent par la détérioration des cultures périssables sous des climats chauds et humides.

Les conséquences économiques directes du gaspillage représentent 750 milliards de dollars par an, ce qui correspond à 1 250 € par personne aux États-Unis, 600 € au Royaume-Uni, 450 € en Italie, 400 € en France…

Saluons l'initiative de l'association Food-sharing, qui, à Berlin, a installé des réfrigérateurs dans différents quartiers. Lorsque les Berlinois partent en vacances ou ont des surplus qu'ils sont sûrs de ne pas consommer, ils déposent leurs denrées dans ces frigos, qui deviennent alors des self-services pour ceux qui en ont besoin. Les commerçants peuvent aussi y déposer leurs invendus. Sur la porte, une affichette rappelle quelques règles de savoir-vivre : la nourriture doit être saine et consommable, et les bénéficiaires sont invités à donner un coup d'éponge de temps en temps pour garder le frigo propre.

L'association Goedzak, aux Pays-Bas, a eu la bonne idée de distribuer des sacs transparents ouvrables et refermables permettant à chacun de déposer dans la rue les objets dont il veut se débarrasser en les protégeant des intempéries. Ainsi, tout passant peut prendre les objets qui l'intéressent ou en déposer d'autres. City Harvest, à New York, développe des initiatives similaires.

En octobre 2014, M6 a décidé de réunir plusieurs chefs gastronomiques pour une émission : « Gaspillage alimentaire : les chefs contre-attaquent ». Étaient présents Cyril Lignac, Ghislaine Arabian, Florent Ladeyn, Philippe Etchebest et Yves Camdeborde. L'objectif était d'organiser à Lille un grand banquet populaire uniquement à base de produits récupérés. J'ai moi-même reçu le soutien de nombreux chefs, dont Philippe Conticini, Gérard Idoux (La Cigale Récamier), David Martin…

Les mairies de différentes villes de France ont mis en place des ateliers anti-gaspillage pour apprendre à accommoder les restes : croquettes apéritives, tempuras d'épluchures, mousses de fruits très mûrs, rouleaux de printemps revisités… Autant de recettes astucieuses et originales.

Mais il y a encore beaucoup à faire ! Toutes les idées neuves pour lutter contre le gaspillage sont les bienvenues. Par exemple ont été proposées la défiscalisation des dons alimentaires pour les producteurs agricoles, la création d'une agence nationale contre le gaspillage alimentaire…

L'Europe est l'une des régions du monde qui gaspillent le plus, derrière l'Amérique du Nord et l'Océanie. Le temps est venu d'une prise de conscience forte et efficace au niveau mondial pour régler le problème de la sous-alimentation, de la faim et de la soif. Où que ce soit sur la planète, ce fléau conduit à des guerres. Notre pétition a recueilli des signatures bien au-delà de la France. J'ai reçu des mails de soutien et des échos de la presse du monde entier. Ce qui est formidable dans ce mouvement, c'est que tout le monde est concerné.

DEUXIÈME PARTIE

Trucs et astuces
pour limiter le gaspillage au quotidien

Manuel d'anti-gaspillage alimentaire

> **800 millions de personnes souffrent de faim chaque année**
>
> **1 milliard d'êtres humains ne mangent pas à leur faim**

RECYCLAGE ET COMPOSTAGE

Deux règles majeures :
— pensez au recyclage pour tout contenant ;
— répartissez vos déchets en fonction des divers conteneurs (verre, papier, produits toxiques, piles, ampoules, etc.).

Peuvent être compostés dans la cuisine : tous les légumes, tous les fruits sauf les agrumes, le papier à base de tissu, le carton, le café et son marc, le thé, les œufs…

Peuvent être compostés au jardin : les mêmes produits + le papier type Sopalin, le carton, les branchages coupés en morceaux…

DES RÉFLEXES DE BON SENS

• Consommez des produits locaux et de saison, forcément plus frais et transportés directement, donc moins coûteux en énergie.

• Il vous reste de la viande blanche, devenue sèche, donc fade (poulet, dinde, veau) ? Hachez le tout, préparez une béchamel et mettez au four dans un plat à gratin. S'il vous reste des pâtes déjà cuites, ajoutez-les et saupoudrez de fromage râpé. Vous pourrez servir en plat principal.

• Lorsque vous tombez sur des promotions – viande, pizza, fromage… –, constituez un stock de ces aliments et congelez-les en portions, en pensant en nombre de repas et de personnes. Cela vous fera de bonnes provisions !

• Faites une compote maison avec les fruits abîmés. Ôtez les parties gâtées, coupez le reste en morceaux et faites revenir dans du beurre pendant 5 minutes. Ajoutez ensuite un fond d'eau et une cuillerée à soupe de sucre dans la casserole.

• Pour ramollir du pain dur, deux solutions : le passer quelques secondes au four à micro-ondes en plaçant un verre d'eau à côté, ou bien l'humidifier légèrement puis le mettre au four traditionnel jusqu'à ce qu'il retrouve une croûte croustillante.

• Pour avoir toujours un pain moelleux, conservez-le dans une boîte avec une moitié de pomme. Ça marche aussi pour les biscuits !

• Avec le pain sec, les utilisations sont multiples :

— pain perdu : trempez des tranches de pain recto-verso dans des œufs battus avec du lait, puis faites-les revenir à la poêle ;

— frottez des tranches de pain avec de l'ail et de l'huile d'olive ; vous pourrez les servir en apéritif façon *bruschetta* ou bien les couper en petits morceaux et les ajouter à une soupe ;

— donnez votre pain sec à des personnes ayant un potager, des poules ou des lapins.

ASTUCES DE CONSERVATION[1]

• Ne conservez pas d'aliments dans des boîtes de conserve métalliques : une fois celles-ci ouvertes, ils s'oxydent plus rapidement.

• Dans votre réfrigérateur, pensez à séparer les aliments crus des aliments cuits. Votre gestion n'en sera que plus facile !

• Pour éviter que le gaz ne s'échappe des boissons gazeuses déjà ouvertes, placez les bouteilles

---

1. Voir aussi *supra*, « DLC, DLUO : comment les comprendre ? », p. 39.

avec le goulot en bas dans la porte de votre réfrigérateur.

• Les yaourts peuvent être consommés au moins 10 jours après la date indiquée. Si le yaourt est devenu très liquide, c'est qu'il n'est plus consommable. Faites aussi confiance à votre palais : il détectera l'acidité le cas échéant. Autre solution : faire un gâteau au yaourt !

• De même, les œufs peuvent être consommés 10 jours après la date indiquée. Il existe un test facile pour savoir si un œuf est encore bon à consommer. Mettez-le dans un bol rempli d'eau : s'il reste au fond, vous pouvez le manger sans crainte ; s'il remonte un peu, il a perdu de sa fraîcheur, mais reste consommable ; s'il flotte, il ne doit pas être mangé.

• Pour raviver une salade flétrie, mettez un morceau de sucre dans un grand volume d'eau et laissez-la tremper pendant trois quarts d'heure.

• Pour conserver un citron entamé, saupoudrez de sel la partie qui se trouve à l'air libre.

• Pour conserver de la crème fraîche plus longtemps après ouverture, transférez-la dans un pot hermétique et placez-la au réfrigérateur.

• Il existe plusieurs façons de rendre leur croquant à des légumes défraîchis. S'ils commencent à devenir mous, coupez-les, lavez-les et faites-les tremper dans un récipient rempli d'eau au réfrigérateur. Le lendemain, ils seront redevenus bien croquants ! Vous pouvez aussi rajeunir vos carottes en ajoutant une cuillerée à café de sucre à l'eau d'ébullition. De même pour le céleri !

• Pour ranimer une orange, trempez-la pendant 5 minutes dans l'eau chaude avant de la presser : elle regorgera de jus !

• Pour conserver un surplus de tomates, faites-les blanchir en les mettant environ 1 minute dans l'eau bouillante, pelez-les et coupez-les en dés. Une fois congelées, elles pourront être utilisées pour une prochaine recette !

• Pour éviter que votre jambon ne sèche et lui garder toute sa fraîcheur, conservez-le dans une boîte hermétique avec un morceau de sucre.

• Pour que les pommes de terre ne germent pas, il suffit de les entreposer dans un endroit sombre avec deux pommes.

• Pour conserver plus longtemps des champignons de Paris et éviter qu'ils ne se racornissent, vous pouvez les enrouler dans du papier journal.

• Que faire si je n'ai envie de manger qu'une demi-pomme, une demi-orange ou une demi-poire ? C'est très simple : arroser de jus de citron la moitié restante pour qu'elle ne s'oxyde pas au contact de l'air. Cela marche aussi pour les artichauts et les avocats !

• Comment rajeunir une pomme ? L'hydratation étant la base de tout, il suffit de l'arroser d'eau bouillante ou de la laisser tremper un instant dans de l'eau chaude.

• Vous pouvez décider de ne consommer que quelques gouttes du jus d'un fruit sans le gâcher. Percez un petit trou dans la pelure, pressez, puis rebouchez l'orifice à l'aide d'un cure-dent.

• Un artichaut se conservera plus longtemps sans sécher si on fait tremper sa queue dans l'eau. N'oublions pas que c'est une fleur !

• Tout condiment se conserve au frigo, et non dans un placard, où il s'oxydera.

• Un agrume abîmé et desséché est un excellent répulsif contre les fourmis. Laissez-le dans un coin de votre placard et il fera son office !

LES ÉPLUCHURES : DES TRÉSORS DE BIENFAITS

• Les peaux d'agrumes – à condition qu'ils soient non traités – peuvent être consommées de multiples façons : en confit, râpées pour agrémenter des plats salés ou des desserts, en lamelles pour faire des orangettes ou encore marinées dans du vinaigre pour les terrines. Elles peuvent aussi agrémenter les boissons chaudes ou fraîches.

Les zestes peuvent être râpés et placés au congélateur, dans un petit sachet ou une boîte en plastique, pour être réutilisés dans vos futurs plats. Profitez aussi de leur odeur très agréable : avec un couteau économe, prélevez les zestes, séchez-les à four doux ou au soleil, puis placez-les dans un petit récipient dans la pièce que vous souhaitez parfumer. Si vous ajoutez quelques gouttes d'huile essentielle, l'agrume, même sec, absorbera le liquide et conservera l'odeur plus longtemps.

• Avec les fruits à pépins, en dehors de la gelée traditionnelle, qui peut être confectionnée à partir de n'importe quelle partie du fruit (trognon, pépins, etc.), vous pouvez faire :

— des chips pour agrémenter et décorer vos plats : pour faire des chips de pomme, faites sécher de fines tranches de pomme saupoudrées de sucre sur une plaque au four à 150 °C pendant 40 minutes ;

— des infusions : laissez infuser dans de l'eau bouillante des pétales de fruits à pépins, type pomme ou poire, frais ou séchés au four. Agrémentez d'anis étoilé ou d'une feuille de menthe. Même chaude, cette boisson est désaltérante.

• Avec les fruits à noyau (cerises, abricots, pêches…) : placez les noyaux, une fois séchés, dans un linge en coton un peu duveteux ; en le passant au micro-ondes à température modérée pendant 15 secondes, vous obtiendrez une bouillotte qui soulagera vos maux et tensions – cou, dos, épaules, ventre, voies digestives…

Tous les noyaux peuvent être conservés pour faire de très bonnes liqueurs ou agrémenter des tisanes au tilleul ou à la verveine. Même secs, ils retrouvent leur arôme après avoir été plongés dans l'eau chaude.

• Il existe une boisson à base d'écorce d'ananas, originaire de Guyane, facile à faire et très désaltérante : faites macérer les écorces bien nettoyées dans de l'eau contenant du gingembre haché, au frais, pendant trois jours ; filtrez, sucrez ; ajoutez des épices (cannelle, muscade…) et du miel.

• Les cucurbitacées (pastèque, melon…) aussi ont une peau bonne à manger :

— en marinade dans du vinaigre, avec du sucre et des aromates. Cette préparation se mange avec de la viande blanche ou des rôtis ;

— en confiture : prévoyez 1 kilo de sucre pour 1 kilo d'écorce coupée en morceaux ; faites cuire jusqu'à obtenir une consistance gélatineuse ; dégustez !

• Conservez vos peaux de pommes de terre pour en faire des chips : après les avoir lavées, rincées et séchées, débitez-les en lamelles avec un économe et mettez-les à frire. C'est ce qu'on appelle, sur le continent américain, les *potato skins*, et c'est excellent avec du fromage fondu par-dessus.

Modalités de conservation : ## Tableaux récapitulatifs

Les légumes

Aliments	Durée de conservation à température ambiante	Durée de conservation au réfrigérateur	Recommandations de conservation
Ail, oignon	2 à 3 mois	Déconseillé	Conserver l'ail à environ 15 °C dans un endroit sec et bien ventilé.
Artichaut	Déconseillé	1 semaine	Ne pas retirer la tige des artichauts avant consommation.
Avocat	2 à 5 jours	Déconseillé	Pour accélérer la maturation, placez l'avocat dans un compotier avec des pommes.

Brocoli	Déconseillé	5 jours	À conserver dans le bac à légumes du réfrigérateur entre 2 et 5 jours. S'il prend un aspect jaunâtre et devient parsemé de petites fleurs, le rincer abondamment à l'eau et ôter la partie séchée du légume.
Carotte	Déconseillé	1 mois	Dans le bac à légumes du réfrigérateur, à l'air libre ou dans un sac plastique ouvert.
Chou-fleur	Déconseillé	5 jours	Ne pas retirer les feuilles du chou-fleur avant consommation.
Concombre	Déconseillé	2 semaines	Dans le bac à légumes du réfrigérateur. Une fois entamé, le protéger avec du film alimentaire et éviter de le conserver à proximité de fruits.
Échalote	1 mois	2 semaines	Conserver dans un endroit sombre, frais, sec et bien ventilé.
Endive	Déconseillé	3 à 4 jours	Conserver à l'abri de la lumière, dans le bac à légumes du réfrigérateur, de préférence dans un sac en papier ou un torchon. Elle se conservera aussi très bien dans une cave bien fraîche.

Poireau	Déconseillé	2 semaines	Conserver dans le bac à légumes du réfrigérateur après avoir coupé le haut des feuilles. Cuit, le poireau peut encore se conserver 2 jours au réfrigérateur dans un récipient alimentaire fermé.
Pomme de terre	1 à plusieurs semaines	Déconseillé	Entreposer dans un endroit sec, frais, bien aéré et à l'abri de la lumière. Éviter d'entreposer des pommes de terre et des oignons au même endroit.
Radis	Déconseillé	1 semaine	Dans le bac à légumes du réfrigérateur. Pour une conservation optimale, couper au préalable les fanes et les racines, laver et bien sécher les radis.
Salade	Déconseillé	2 à 6 jours	Pour une conservation optimale, après l'avoir effeuillée, lavée et surtout bien essorée, l'envelopper dans un torchon propre, lui-même introduit dans un sac plastique.
Tomate	Jusqu'à maturité	1 semaine	À conserver à température ambiante plutôt qu'au réfrigérateur, où elle perdra son arôme.

Les fruits

Aliments	Durée de conservation à température ambiante	Durée de conservation au réfrigérateur	Recommandations de conservation
Abricot	2 à 3 jours	1 semaine	S'il est placé dans le bac à légumes du réfrigérateur, le sortir au moins 20 minutes avant dégustation.
Agrumes	1 à 2 semaines	Déconseillé	À conserver à température ambiante.
Banane	Jusqu'à maturité	Fortement déconseillé	À conserver à température ambiante.
Fruits rouges	Déconseillé	2 à 5 jours	S'ils vont être consommés dans la journée, les conserver à température ambiante ; sinon, les placer au réfrigérateur.
Kiwi	Jusqu'à maturité	1 à 2 semaines	Pour accélérer la maturation du kiwi, le conserver à température ambiante dans un sac en papier avec une pomme ou une banane.
Litchi	Déconseillé	2 semaines	Dans le bac à légumes du réfrigérateur, le litchi peut être conservé 15 jours. Mais, dès qu'il passe plus de 2 jours à l'air ambiant, son écorce brunit.

Mangue	Jusqu'à maturité	1 à 2 jours	Une mangue insuffisamment mûre peut être conservée quelques jours à température ambiante pour atteindre sa saveur optimale. Sinon, entre 24 et 48 heures dans le bac à légumes du réfrigérateur.
Melon	Jusqu'à maturité	3 à 5 jours	À conserver à température ambiante jusqu'à sa pleine maturité. Ensuite, il est préférable de le placer dans le bac à légumes du réfrigérateur, enveloppé d'un film plastique pour qu'il n'embaume pas.
Pêche et nectarine	Jusqu'à maturité	3 à 5 jours	Les longs séjours dans le réfrigérateur sont à éviter, car ils les déshydratent et rendent leur chair cotonneuse. Les sortir 30 minutes à 1 heure avant consommation.
Pomme	Jusqu'à maturité	1 à 2 jours	À conserver dans un endroit frais, sombre et humide (cave). Éviter d'entreposer pommes et légumes verts ensemble.
Poire	Jusqu'à maturité	3 à 5 jours	À conserver à température ambiante : une poire mûrit en 2, 3 jours.

Prune	Jusqu'à maturité	1 semaine	Évitez de frotter les prunes afin de conserver la pruine (la pellicule blanche qui les recouvre) : elle améliorera leur conservation.
Raisin	Jusqu'à maturité	2 semaines	Au réfrigérateur, prendre soin de le disposer sur du papier absorbant ou dans un sachet perforé. Le sortir 1 heure avant consommation pour qu'il retrouve toute sa saveur. Ne jamais conserver dans un sac plastique.

L'eau, un élément vital à préserver

> **Il faut 1 000 litres d'eau pour produire 1 kilo de farine. Pour chaque baguette jetée, on gaspille l'équivalent d'une baignoire remplie d'eau**

QUELQUES GESTES ÉCO-RESPONSABLES

• Ne laissez pas couler l'eau du robinet pendant que vous vous brossez les dents ! C'est l'un des premiers gestes faciles à effectuer au quotidien pour éviter le gaspillage. Prenez l'habitude de n'ouvrir le robinet qu'au moment de chaque rinçage, et inculquez cela aux enfants.

• Privilégiez les douches plutôt que les bains. Un bain consomme 150 à 200 litres d'eau, une douche 100 litres en 5 minutes.

• Utilisez un système « stop-douche » qui interrompt le jet pendant que vous vous savonnez.

Cela permet d'économiser 20 litres d'eau par douche !

• 20 % de la consommation domestique d'eau est la conséquence de fuites. Si les canalisations sont encombrées (résidus d'aliments, cheveux, gels, etc.), la pression augmente dans les tuyaux et des fuites surviennent. Pour déterminer la présence de fuites, il vous suffit de comparer votre relevé de compteur d'eau le soir et le lendemain matin, sans faire fonctionner le lave-linge ni le lave-vaisselle pendant la nuit.

• Optimiser sa consommation au niveau de la chasse d'eau et des robinets, c'est facile ! Plus d'un tiers de la consommation domestique d'eau potable est consacré aux toilettes. Avec une chasse d'eau à double débit, on peut diviser sa consommation par deux, voire par trois. De même, fixez sur vos robinets des économiseurs d'eau – encore appelés « aérateurs » ou « réducteurs d'eau ». Ils peuvent réduire le débit de sortie jusqu'à 50 %.

• Portez un tablier quand vous faites la cuisine : vous pourrez y essuyer vos mains entre les différentes étapes de la préparation au lieu de les rincer à chaque fois.

• Lorsque vous lavez vos légumes ou votre salade, pensez à récupérer l'eau et utilisez-la pour arroser vos plantes d'intérieur.

• Conservez l'eau de cuisson de vos légumes : une fois refroidie, servez-vous-en pour arroser vos plantes. Elle contient des minéraux qui leur seront bénéfiques.

• Utilisez de l'eau non potable pour laver votre voiture, arroser votre jardin et en nettoyer le mobilier, laver les sols et les sanitaires.

• Lavez votre voiture dans des stations-service adaptées. Vous éviterez de souiller le sol avec des graisses, et le système de nettoyage haute pression sera plus économique et plus efficace (60 litres en station de lavage, contre près de 200 litres pour un nettoyage au tuyau).

• Lorsque vous faites la vaisselle, au moment du rinçage, il est préférable de remplir votre bac d'eau claire plutôt que de laisser couler le robinet.

• Versez un peu d'eau dans vos casseroles encore chaudes juste après utilisation : cela fera office de prélavage. De même, rincez simplement les ustensiles peu sales ayant servi en cuisine (passoires, bols mélangeurs, etc.).

DANS LE JARDIN

• Un système d'arrosage dit « goutte à goutte » ou un tuyau poreux permettent de réguler la pression et la quantité de l'eau distribuée en limitant le ruissellement.

• Arroser en plein soleil ne sert strictement à rien ! Non seulement la végétation brûle par « effet loupe », mais l'eau s'évapore très rapidement à cause du soleil qui réchauffe le sol. Arrosez de préférence le matin ou le soir.

• Disposez du paillage autour des cultures pour retenir l'humidité de la rosée et de l'arrosage.

• Faites des réserves d'eau de pluie. Vous pourrez ainsi arroser votre jardin et travailler vos semis avec une eau gratuite, renouvelée et sans calcaire. De plus, elle donnera meilleur goût à vos légumes.

• L'eau de cuisson des pommes de terre, des pâtes et du riz a un effet désherbant très efficace.

L'EAU CHAUDE

• Essayez de prendre des douches rapides.
• Privilégiez l'eau tiède, elle vous rendra plus tonique que l'eau chaude.
• Coupez l'eau en cas d'absence prolongée.
• Si vous disposez d'un ballon de stockage électrique, faites-le détartrer régulièrement.
• Isolez les conduites.

- Équipez-vous d'une douchette économique.
- Installez une horloge de programmation.
- Chauffe-eau, préférez le gaz à l'électrique.

Économisez l'énergie…
mais pas votre énergie
pour combattre le gaspillage !

CHAUFFAGE

* Dans votre logement, maintenez une température maximale de 19 °C ou 20 °C.
* Baissez la température pendant la nuit et en cas d'absence.
* Réglez correctement vos vannes thermostatiques.
* Purgez régulièrement vos radiateurs.
* Ne couvrez jamais vos radiateurs.
* Éteignez votre chaudière en cas d'absence prolongée et en été.
* Dépoussiérez les corps de chauffe.
* Pensez aux panneaux solaires.

ISOLATION THERMIQUE

* Fermez les portes.
* Fermez rideaux, stores et volets pendant la nuit.
* Pensez au double vitrage.
* Évitez les courants d'air.
* Placez des panneaux réflecteurs entre murs et radiateurs.
* Isolez vos tuyauteries.
* Isolez votre toit.
* Remplacez vos châssis et fenêtres.

VENTILATION ET CLIMATISATION

* Évitez d'utiliser un appareil de climatisation.
* Protégez votre logement du soleil et aérez.
* Privilégiez le ventilateur.
* Recourez à la végétation, qui rafraîchit l'espace.

USTENSILES DE CUISINE

* Couvrez les casseroles lorsque vous faites cuire quelque chose.

• Utilisez des casseroles bien dimensionnées par rapport à vos feux de cuisinière.

• N'utilisez pas trop d'eau.

• Utilisez des casseroles à pression.

• Laissez le moins possible les appareils en veille.

• S'il vous reste une moitié de citron et que vous ne voulez pas la consommer, elle peut vous servir à entretenir de l'inox ou encore à nettoyer l'émail des sanitaires. Tout comme le vinaigre blanc, le citron donne un brillant étincelant !

FOURS

• N'ouvrez pas continuellement le four pendant la cuisson.

• Le préchauffage du four, conseillé dans la plupart des recettes, n'est pas indispensable. Pour la majorité des préparations, on peut allumer le four au moment où on y met le plat.

• Faites cuire plusieurs plats en même temps ou à la suite. Éteignez le four 5 minutes avant la fin du temps indiqué : la cuisson se poursuivra quand même.

• Évitez les appareils combinés : ils consomment trop d'énergie, et si une des fonctions tombe en panne, cela rend inutilisable l'appareil tout entier !

• Le micro-ondes consomme moins d'énergie que le four traditionnel pour réchauffer les plats.

RÉFRIGÉRATEUR ET CONGÉLATEUR

• Installez-les loin de toute source de chaleur et évitez que le soleil ne tombe directement dessus. Pensez à laisser une bonne distance avec le mur pour que l'air circule bien.

• Dépoussiérez l'arrière du frigo et du congélateur : ils consommeront moins.

• Réglez correctement les températures à l'aide d'un thermomètre de réfrigérateur : entre 4 et 6 °C pour le réfrigérateur, −18 °C pour le congélateur.

• Sortez toutes les denrées dont vous avez besoin en même temps : cela vous évitera d'ouvrir continuellement la porte du réfrigérateur.

• Sortez les aliments surgelés à l'avance et mettez-les au réfrigérateur : le froid qui s'en dégage refroidira les autres aliments et la consommation d'électricité en sera diminuée.

• Dégivrez régulièrement. Lorsque le givre atteint 3 millimètres d'épaisseur, l'appareil consomme 30 % d'énergie supplémentaire.

• Évitez de surcharger votre réfrigérateur : cela augmente sa consommation d'énergie et diminue la durée de conservation des aliments (l'air froid circule moins bien).

• Remplacez régulièrement les joints.

• Laissez refroidir vos mets avant de les mettre au réfrigérateur.

LAVE-VAISSELLE

• Remplissez-le totalement avant de lancer le programme de lavage.

• Utilisez la fonction « économique ».

• Nettoyez régulièrement le filtre.

LAVE-LINGE

• Triez correctement le linge.

• Évitez le prélavage.

• Lavez à basses températures : 40 °C ou même 30 °C pour les textiles courants, 60 °C pour le blanc. À 40 °C, vous économisez 70 % d'énergie par rapport à un lavage à 90 °C.

• Utilisez le « cycle éco », qui permet d'économiser 25 % d'électricité et 18 % d'eau.

• Nettoyez régulièrement le filtre.

SÈCHE-LINGE

- D'une manière générale, utilisez-le le moins possible. Préférez l'étendoir traditionnel.
- Choisissez-en un à évacuation plutôt qu'à condenseur.
- Attendez qu'il soit plein pour lancer le programme de séchage.
- Essorez bien le linge (1 200 tours minimum) avant de le mettre à tourner dans le sèche-linge.

PETIT ÉLECTROMÉNAGER

- Évitez le mode veille et prenez l'habitude d'éteindre complètement vos appareils. Utilisez une multiprise à interrupteur ou une prise coupe-veille qui bloque l'arrivée du courant à l'extinction de l'appareil.

> **COÛT DES VEILLES SUR UNE ANNÉE**
> **cafetière : 4 €**
> **console de jeux : 10 €**
> **box/modem : 10 €**
> **lecteur DVD ou Blu-Ray : 13 €**
> **téléviseur : 15 €**
> **micro-ondes et chaîne hi-fi : 20 €**
> **ordinateur : 30 € (un logiciel d'économie d'énergie**
> **permet de réduire de 40 à 60 % la consommation**
> **de votre ordinateur)**

• Ne laissez pas vos chargeurs branchés en dehors des périodes de charge.

• Optez pour les piles rechargeables.

• Préférez le petit écran à cristaux liquides.

• Achetez des appareils labellisés.

• Ne remplissez votre bouilloire électrique que de la quantité d'eau dont vous avez besoin. Plus elle est pleine, plus il faudra de temps et donc d'énergie pour faire chauffer l'eau.

ÉCLAIRAGE

• Profitez de la lumière naturelle et pensez-y lorsque vous disposez votre mobilier (fauteuils, canapés, chaises).

• Éteignez les lumières des pièces inoccupées.

• Nettoyez vos éclairages.

• Préférez l'éclairage ponctuel par des lumières indirectes.

• Équipez-vous de lampes à basse consommation : 15 à 20 watts par mètre carré pour les pièces à vivre, 10 à 15 watts par mètre carré pour les lieux de passage et les chambres.

• Recyclez toutes vos ampoules.

• Préférez les interrupteurs à minuterie dans les lieux de passage comme les couloirs.

• Pour l'extérieur, utilisez des petits spots à énergie solaire.

DÉPLACEMENTS

• Laissez la voiture au garage pour les petits trajets et utilisez les transports en commun.
• Optez pour les alternatives, comme le covoiturage.
• Ne préchauffez pas votre moteur et coupez le contact dès que vous êtes en station.
• N'utilisez la climatisation qu'en cas d'absolue nécessité.
• Vérifiez la pression des pneus.
• Ne surchargez pas le véhicule.
• Entretenez régulièrement votre voiture.
• Optez pour l'économètre ou l'ordinateur de bord pour maîtriser votre consommation de carburant.

AU BUREAU

• Imprimez les doubles de courrier ou les longs textes et photocopiez vos documents personnels sur du papier brouillon de réemploi en prenant soin de barrer la partie déjà imprimée et en utilisant le verso. Cela limitera la déforestation mondiale, qui se chiffre en milliers de kilomètres carrés pour satisfaire nos appétits papivores.

• Ne jetez pas les cartouches de toner à la poubelle. Votre fournisseur ou le détaillant du quartier les reprennent.

• Pensez à acheter des cartouches de toner recyclées. Les techniques ont considérablement évolué et il n'y a plus de problèmes de bouchage, comme c'était le cas jusqu'à maintenant. De plus, la reprise d'une cartouche usagée permet de faire des économies sur l'achat d'une neuve.

• Les classeurs peuvent être libérés en fin d'année si l'on transfère les archives dans des boîtes prévues à cet effet, et réutilisés pour l'année suivante en modifiant l'étiquette.

• Si votre société a l'habitude de se débarrasser de ses PC au bout d'un ou deux ans d'utilisation, ne les jetez pas dans la rue, mais appelez une association qui recycle les ordinateurs à destination des pays du quart monde. Cela permettra d'initier des enfants à l'informatique dans les écoles !

OSEZ LES ÉNERGIES RENOUVELABLES !

• Pour le chauffage, l'eau et l'électricité, utilisez l'énergie du soleil.

• Autre mode d'énergie anti-gâchis : le chauffage au bois.

• Le must : la pompe à chaleur. Elle puise la chaleur présente dans l'air, l'eau ou le sol et la redistribue dans l'habitation pour la chauffer. Technique hybride, elle fait appel aux énergies renouvelables, mais aussi à l'énergie fossile. Bien qu'il ne convienne pas à tous les logements, ce mode de chauffage est fiable, peu polluant, et permet de faire d'importantes économies.

TRAQUEZ LES DÉPENSES CACHÉES

• Évitez d'acheter des produits comportant des emballages inutiles. Préférez les produits en vrac.

• Buvez l'eau du robinet en la filtrant et achetez les autres boissons en bouteilles consignées.

• Choisissez des sacs réutilisables ou des cagettes pour transporter vos courses.

• Achetez des contenants rechargeables (par exemple pour les produits d'entretien) et des produits concentrés que vous pourrez diluer.

• Pour consommer l'intégralité des produits en flacons (shampoing, savon liquide…), mélangez le fond du produit avec un peu d'eau et agitez.

• Évitez les rasoirs jetables si vous en faites un usage régulier.

Pour aller plus loin

ARGENT PUBLIC : QUELQUES EXCÈS NOTOIRES[1]

- 2 000 trains trop larges pour les gares françaises = plusieurs centaines de quais à raboter.
- 12 kilomètres de route pour 1,66 milliard d'euros (soit 133 millions d'euros le kilomètre ou encore 133 000 euros le mètre)... Il s'agit d'une deux fois trois voies reliant Saint-Denis de La Réunion au port, en pleine mer, sur pilotis, supportant des cyclones avec des vents de 150 km/h et des vagues de 10 mètres. Elle génère néanmoins 4 500 emplois directs ou indirects ! 532 millions d'euros viendront de l'État, 248 millions du FCTVA (Fonds de compensation sur la TVA), 151 millions de l'Union européenne... et la Région apportera 669 millions d'euros.

---

1. Sources : Huffington Post, lemonde.fr et developpement-durable-gouv.fr.

• Vaccin contre la grippe : 662 millions d'euros dépensés pour vacciner 8,5 % de la population au final.

• Dossier médical personnel (DMP), permettant de centraliser toutes les informations concernant un malade et de les rendre accessibles à tout professionnel de santé : 500 millions d'euros dépensés pour 400 000 dossiers traités au lieu des 5 millions prévus.

• Cabinets de conseil pour la réforme de France Télévisions : 101,2 millions d'euros dépensés.

• Un pont qui débouche en pleine forêt amazonienne pour 50 millions d'euros : c'est à Oiapock, en Guyane française. Construit en 2011 pour relier ce territoire au Brésil, tous deux partageant 730 kilomètres de frontière, ce pont de 82 mètres de haut et 400 mètres de long devait permettre de favoriser les échanges. Côté brésilien, la route devait rejoindre le pont, mais elle n'est pas encore opérationnelle et la construction débouche en pleine forêt amazonienne... Vingt-cinq policiers surveillent le pont en permanence, et le taux d'humidité très élevé n'arrange rien en termes de conservation des matériaux.

• Un musée national du sport, longtemps resté « imaginaire », à 50 visiteurs/jour : 900 000 euros de coûts fixes. Installé en 1988 au Parc des Princes, puis déménagé en 1998, au moment de la Coupe du monde, il a été réinstallé en 2008 au rez-de-chaussée d'un immeuble accolé au ministère des Sports, rue de France, à Paris. Pour présenter ces 350 objets (sur les 600 000 pièces d'une des plus riches collections au monde), 4,4 millions d'euros ont été investis.

• Deux stations d'épuration dans deux villes contiguës, Corbeil-Essonnes et Évry : 82 millions d'euros.

• Un parking sous le Stade des Alpes, à Grenoble, ouvert en 2008, reçoit 27 visiteurs par jour, soit 800 entrées par mois. Coût de l'ouvrage : 12 millions d'euros.

INSTITUTIONS

• **FAO** (Organisation des Nations unies pour l'alimentation et l'agriculture)
http://www.fao.org/home/fr/

• **Ministère de l'Agriculture, de l'Agro-alimentaire et de la Forêt**
http://agriculture.gouv.fr/

• **FNE (France Nature Environnement)** fournit la liste des 3 000 associations existantes dans tous types d'actions éco-responsables.

http://www.fne.asso.fr/fr/federation/3000-associations.html

• **L'Ademe (Agence de l'environnement et de la maîtrise de l'énergie)** recense l'actualité liée à la question du gaspillage alimentaire.
http://www.ademe.fr/particuliers-eco-citoyens/dechets/reduire-dechets/eviter-gaspillage-alimentaire

AUTRES LIENS

• Le site **marmiton.org** propose des trucs et astuces pour accommoder les restes ainsi que de bonnes recettes à composer avec des aliments périmés… et tout est délicieux !
http://www.marmiton.org/magazine/diapora-miam_anti-gaspillage-alimentaire_1.aspx

• *100 conseils pour économiser l'énergie*, par l'institut Bruxelles Environnement
http://documentation.bruxellesenvironnement.be/documents/100conseilsEnergie_FR.PDF

• http://alimentation.gouv.fr/gaspillage-alimentaire-campagne

• http://alimentation.gouv.fr/journee-anti-gaspillage/IMG/jpg/10gesteantigaspi_cle4fcccb.jpg

• http://echosverts.com/2014/08/25/mes-astuces-pour-eviter-le-gaspillage-en-cuisine/ :

• http://economie-d-energie.comprendrechoi-sir.com/astuce/voir1Page/124875/10-astuces-pour-reduire-sa-facture-energetique-de-400-

• http://www.1000-trucs-et-astuces.com/anti-gaspillage.php

• http://www.anti-gaspillage.carrefour.fr/http://alimentation.gouv.fr/journee-anti-gaspillage/

• http://www.ecotidiens21.fr/cms/antigaspi

• http://www.huffingtonpost.fr/2014/12/23/eviter-gaspillage-noel-choix-sapin-mets-table-passant-paquet-cadeau_n_6338984.html

• http://www.leparisien.fr/environnement/alimentation/anti-gaspillage-alimentaire-zoom-sur-des-initiatives-intelligentes-22-05-2015-4793087.php

• http://www.nucleaire-nonmerci.net/halteau-gaspillage.htmlhttp://apprentisurvivaliste.com/

maximiser-lefficacite-de-votre-refrigerateur-et-
reduire-le-gaspillage-denergie-partie-1/

FILMS

Deux documentaires à voir absolument :

Global gâchis : le scandale mondial du gaspillage alimentaire, d'Olivier Lemaire, écrit par Maha Kharrat et Tristram Stuart, sur une idée de Jean-Marie Michel, 58 minutes, octobre 2012 : http://www.dailymotion.com/video/x1jkd2y_global-gachis-le-scandale-mondial-du-gaspillage-alimentaire_news

Taste the Waste : nos poubelles passent à table, de Valentin Thurn, 51 minutes, juin 2012 : http://www.dailymotion.com/video/xrhzkq_taste-the-waste-nos-poubelles-passent-a-table_news

APPLICATIONS MOBILES

Gaspifinder : outil qui se présente comme un moteur de recherche classique. Tapez le code-barres du produit recherché et découvrez comment interpréter sa date de péremption. Vous trouve-rez aussi une fiche produit complétée par les internautes, avec un encadré sur les conseils de consommation selon que le produit est entamé ou intact. En bas de la page, une partie est réservée aux avis et astuces. Le site, participatif, permet aux consommateurs d'échanger des commentaires.

Checkfood : application gratuite dont la devise est « je mange, je donne, je ne jette plus ». Son rôle est d'alerter sur la date de péremption des produits. Le principe est de scanner ces derniers au moment où on les range dans son frigo ou ses placards. Les alertes s'affichent sur votre téléphone pour vous faire penser à les consommer ou à les distribuer. Ainsi, vous pouvez gérer vos stocks en temps réel.

Mummyz : application destinée au partage des parts restantes de plats cuisinés. Mummyz est la lauréate 2015 de la bourse French Tech récompensant les entreprises innovantes. Elle collabore avec la Mutualité française et les Draaf (Directions régionales de l'alimentation, de l'agriculture et de la forêt) afin de contribuer au « mieux consommer » et au « vivre ensemble ».

de Stéphanie Rivoal

Parfois, quand des hommes et des femmes se rassemblent autour d'une cause, le monde change. Parfois, une initiative isolée devient un enjeu mondial. Parfois, il faut peu de chose pour que tout marche. Il faut juste que les étoiles s'alignent.

Le gaspillage alimentaire est un scandale de longue date, connu de tous ceux que la faim, l'alimentation, la nutrition intéressent. Nous savons tous que les grandes et moyennes surfaces jettent des tonnes de nourriture consommable chaque jour dans notre pays, en Europe et dans le monde. Nous savons tous aussi que, dans le même temps, près de 800 millions de personnes souffrent de la faim. Que cela nous choque est une évidence. C'est inadmissible, intolérable, immoral.

Alors, que faire pour rectifier cette situation scandaleuse ? Réduire le gaspillage alimentaire va-t-il résoudre le problème de la faim ?

Non : moins de gaspillage dans les pays du Nord n'apportera pas une alimentation saine, équilibrée et bon marché aux plus vulnérables de ce monde. Il n'y a pas de lien direct entre les deux sujets. Mais il existe des liens indirects, et ils sont déterminants.

En premier lieu, les denrées qui ne seront pas aspergées d'eau de Javel, mais distribuées gratuitement aux personnes qui en ont besoin, en France et en Europe, vont réduire l'insécurité alimentaire de ces nouveaux pauvres qui ne sont pas assez pauvres pour recevoir de l'aide, mais pas assez riches pour manger à tous les repas. Ces personnes-là vont bénéficier d'un soutien, recevoir dans la dignité de quoi améliorer leur santé et vivre mieux. C'est en soi énorme, cela change des vies.

En deuxième lieu, mettre le sujet du gaspillage alimentaire en avant permet d'évoquer le sujet plus global de la faim dans le monde. Si nous aidons ici, que faisons-nous pour là-bas ? Tous les êtres humains ont droit à une alimentation normale et à une vie digne, même ceux qui vivent à des milliers de kilomètres de chez nous. Cette question crée le lien entre ici et là-bas. La faim a plusieurs visages, mais elle est la même pour tous. La faim rend faible, la faim rend violent, la faim rend indigne, la faim tue. Ici comme là-bas.

Les étoiles aujourd'hui sont alignées grâce à l'énergie d'un homme. Arash Derambarsh dira qu'il n'était pas seul, que c'est un travail d'équipe, il sera humble, ce qui l'honore. Pourtant, c'est bien lui qui, à force de conviction, de persuasion, de cœur, fait passer les lois, en France, en Europe, bientôt dans le monde, pour que cesse ce scandale du « trop » d'un côté et du « trop peu » de l'autre, pour que les consciences s'éveillent, pour que chaque citoyen se dise qu'il peut changer le monde afin de le rendre plus équitable, plus juste et sans faim.

Stéphanie RIVOAL
Présidente d'Action contre la faim

Remerciements

À mes parents, auxquels je dois tout.
À mon frère jumeau qui me manque.
À ma famille que j'aime.
À Agnès. Merci pour ton précieux soutien.
À mes amis de Courbevoie et d'ailleurs que j'ai la chance d'avoir.

Remerciement à Anne Botella et à toute l'équipe de Fayard (Sophie Charnavel, Noëlle Meimaroglou, Élise Roy, Marie-Laure Defretin, Pauline Faure).

Remerciement au PDG fondateur du Cherche Midi, Philippe Héracles, mon père spirituel. Et à toute l'équipe du Cherche Midi.

Remerciement chaleureux à mes compagnons de route qui ont bravé le froid et la nuit pour distribuer des invendus consommables aux démunis (liste non exhaustive et dans le désordre) : Kamran Rahimian, Jérémy Brouillaud, Nicolas Calfoun, Christel Besson, Frédérique Mary, Samuel Paccoud, Alexandre Baume, Virginie Deniset, Élisabeth Vallejo, Olivier

Rio, Arnaud Goutmann, Zohre Zahraee, Rami El Kalache, Teaki Dupont, Mounya de la Villardiere, Alexandre Kastner, Rost, Thierry Klajman, Julie Gautier, Catherine Abou Haydar, Léa Berdeaux, Géraldine Fayon, Stéphanie Cavallaro, Marie Lopez, Jerôme Campmas, Anita Saberi, Pierre Le Calvez, Atika Noor, Dominique Baillif, Goli Alaghemand Assadi, Jean-François Bouilly, Florence Hugon, Caroline Cornu, Anne-Laure Gruet, Serge Confonte, Farouk Rahal, Rost, Bruno Gaccio, Patrick Doyen, Sylvie Lamotte, Céline Kamadaye, Mohamed Asri, Nouh Sounah, Yvette Ayivi, Jalia Chabourine, Atika Lebret, Jérôme Campmas, Mary Guillard Langevin, Serge Hunerblaes, Céline Mohi, Valérie Thibaut, Yacine Bouharkat, Nicolas Fouques Duparc, Enzo Gaccio, Ivan Apostolski, Flore Naimi, Isabelle Tomasini, Sanaa et Maroun Elias, Cyrus Atory, Élodie Échevin, Yassine Bouzrou, Ella Kelian, Céline Mohi, et tous les bénévoles qui nous ont aidés et soutenus (*via* Facebook, Twitter et les réseaux sociaux).

Remerciement à mon équipe de campagne et à mes soutiens en 2014, grâce auxquels j'ai été élu dans ma ville, et sans lesquels je n'aurais jamais pu agir : Dominique Guillouard, Gilles Vincent, Valérie Cayla, Jacques Fratellia, Sanaa Anbari, Pierre Ferret, Céline Touati, Mikael Assayag, Sandrine Vincent, Michel Chopinaud, Marie Lombard, Jérémy Brouillaud, Sophie Quiquand, Guy Petnga Nguenkoua, Carine Naudan, Jean-David Attal, Audrey Mannevy, Raphaël

Caillaux, Valérie Bemont, Olivier Rio, Nathalie Lamas, Geeth Katukurunda, Audrey Moreaux, Samuel Paccoud, Alexandra Ruiz-Vian, Olivier Coredo, Ghislaine Cauet-Martinotto, Christopher Smits, Jessie Cohen, Sofien Murat, Charlotte Schousboe, Nicolas Sully, Céline Higel, Paul Cacciaguerra, Ariane Bourgeois, Mathieu Tarrade, Morgane Barres, Jean-Pierre Cressot, Fabienne Attal-Marcovitch, Sylvain Magnier, Chantal Neau, Stéphane Roussilo, Laetitia Iglesias, Armand Ariabod, Stéphanie Lesquivin, Jonathan Ouaknine, Shabnam Moussavi, Shervin Pourhashemi, Corinne Cohen, Houssam Nasrawin, Aude Rio, Benjamin Bruneteaux, Aurélie Flammang, Jean-Luc Brusson, Kevin Lognoné, Willy Ngassan, Élisabeth Cohen, Stéphane Belaiche, Guillaume Cohen, Vincent Caillaux, Jonathan Curiel, Anaïs Asayesh, Isabelle Rougeul, Mohamed Dia, Lynnsha, Gilles Stomy Duarte, Ben J & Jacky Brown (Neg Marrons), Malamine Koné, Ardechir, Antoine Henriquet, Christophe Debonneuil et Jérôme Fouqueray, Tatiana Salomon, Natacha Quester-Séméon, Mathieu Bertholo, Bérengère Farcot, Narmilan Selvarajah, Sonia Sovid.

Remerciement à tous les membres du club « Courbevoie 3.0 ».

Remerciement spécial à Mathieu Kassovitz, pour sa disponibilité, son humanisme et son humilité.

Merci mon cher Bruno Gaccio d'être venu à Courbevoie et de m'avoir soutenu sur le terrain.

Merci chers Antoine et Emma de Caunes, Johnny et Laeticia Hallyday, Omar et Helene Sy, Nikos Aliagas, Frederique Bel, Kyan et Keyvan Khojandji, Youri Djorkaeff, Frédéric Thiriez, Sebastien Folin, Claire Keim, Valérie Damidot, Francis Huster, Miko et Cartman, Karima et Hedia Charni, Aurelien Wiik, Gabriella Wright, Clément Animalsons, Christine Kelly, Jeremy Michalak, Florian Gazan, Thibaud Vezirian. Votre soutien a fait bouger des montagnes.

Remerciement amical et républicain aux députés Frédéric Lefebvre et Jean-Pierre Decool, à la sénatrice Nathalie Goulet, à la députée européenne Angélique Delahaye.

Remerciement éternel à tous les parlementaires du Sénat et de l'Assemblée nationale qui ont signé notre pétition et qui ont voté unanimement les lois anti-gaspillage alimentaire.

À Nicole Fontaine (ancienne présidente du Parlement européen).

À tous mes collègues élus de la République française. Merci pour votre soutien. Cette union sacrée fait de la France un pays à la pointe du combat contre le gaspillage alimentaire dans le monde.

Remerciement amical au député maire de ma ville, Courbevoie, Jacques Kossowski.

Remerciement au président de la République François Hollande, à Christophe Pierrel, Gaspard Gantzer, Philippe Vinçon, Patrice Biancone.

Remerciement au site Change.org et à ses membres qui œuvrent chaque jour à une démocratie du XIXe siècle (Benjamin Peyrot des Gachons, Vanessa Ritter, Sarah Durieux et Augustin Scablert).

À mes amis européens qui valorisent notre pétition partout en Europe : Manuel Bruscas (Espagne), Claudia Ruthner (Allemagne), Tristram Stuart (Angleterre), Frédéric Daerden (Belgique), Maria et Nikos Aliagas (Grece), Daniele Messina (Italie), Klara Landwehr (Hongrie).

Remerciement du fond du cœur à la Croix rouge française (Jean-Jacques Eledjam, Franck Delaval et Antoine Bouttonet), à Action contre la faim (Stéphanie Rivoal, Dorian Dreuil) et à One France (Friederike Roder, Sara Kianpour). Vous êtes formidables.

Merci infiniment à l'équipe de Facebook France (dont Laurent Solly, Florence Trouche, Marc-Alban Ponthieu, Xavier Leclerc).

Et hommage à tous les bénévoles et toutes les associations qui œuvrent, tous les jours et tous les soirs dans l'ombre, pour la fraternité et la solidarité. Merci à chacun de vous. Vous êtes la fierté de la France.

Table des matières

Préface de Mathieu Kassovitz............................... 7
Préface de Jean-Jacques Eledjam........................... 13

Introduction. Comment j'ai fait plier
la grande distribution en quatre mois...................... 17

PREMIÈRE PARTIE
Une planète jetable

Agir local, penser global 31
  Agir en bas de chez soi 31
  Chronique d'une mobilisation............................... 33
  Mettre en œuvre la liberté
  et la fraternité sur le terrain................................. 35

Ne plus s'indigner : passer à l'action ! 39
  Promouvoir les gestes anti-gaspillage auprès
  des fabricants et des revendeurs............................ 39
    DLC, DLUO : comment les comprendre ? 39
    S'assurer du respect de l'interdiction de jeter 41
  Promouvoir les gestes anti-gaspillage auprès
  des consommateurs 44
    1° Ne pas aller faire ses courses le ventre vide 45
    2° Partir faire ses courses avec une liste détaillée 45
    3° Veiller aux dates de péremption 46

*4° Rester vigilant face aux offres
promotionnelles* 46
*5° Respecter la chaîne du froid et congeler
à temps le trop-plein du réfrigérateur* 47
6° Organiser rationnellement son réfrigérateur 47
Promouvoir l'éducation alimentaire
dans les collectivités 48
Créer des passerelles entre les associations 50
Les Gueules cassées 51
*Association nationale de développement des épiceries
solidaires (Andes)* 52
Disco Soupe 53
Eqosphere 54
Phénix 55
Trop Bon pour Gaspiller 55
Zéro Gâchis 56
Pour l'avenir, restons optimistes ! 56

DEUXIÈME PARTIE
Trucs et astuces pour limiter
le gaspillage au quotidien

Manuel d'anti-gaspillage alimentaire 63
Recyclage et compostage 63
Des réflexes de bon sens 64
Astuces de conservation 65
Les épluchures : des trésors de bienfaits 68
Modalités de conservation : tableaux récapitulatifs 71
Les légumes 71
Les fruits 74

L'eau, un élément vital à préserver 77
Quelques gestes éco-responsables 77
Dans le jardin 79
L'eau chaude 80

Économisez l'énergie... mais pas votre énergie pour combattre le gaspillage ! ... 83

Chauffage ... 83

Isolation thermique ... 84

Ventilation et climatisation ... 84

Ustensiles de cuisine ... 84

Fours ... 85

Réfrigérateur et congélateur ... 86

Lave-vaisselle ... 87

Lave-linge ... 87

Sèche-linge ... 88

Petit électroménager ... 88

Éclairage ... 89

Déplacements ... 90

Au bureau ... 90

Osez les énergies renouvelables ! ... 91

Traquez les dépenses cachées ... 92

Pour aller plus loin

Argent public : quelques excès notoires ... 93

Institutions ... 95

Autres liens ... 96

Films ... 98

Applications mobiles ... 98

Postface de Stéphanie Rivoal ... 101

Remerciements ... 104

Mise en pages PCA
44400 Rezé

www.ingramcontent.com/pod-product-compliance
Lightning Source LLC
LaVergne TN
LVHW051242060726

842526LV00013B/3025